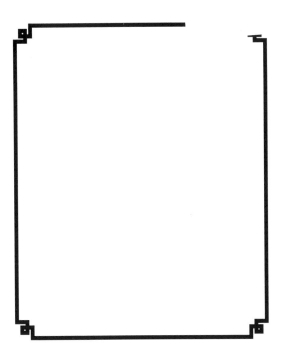

CE LIVRE APPARTIENT À

Les animaux

○ ○ ○ ○ ○ ○ ○ ○ ○ ○ ○ ○ ○ ○ ○ ○ ○ ○

Bienvenue dans le chapitre des records du monde animal ! Ici, nous allons découvrir les animaux les plus grands, les plus rapides, les plus forts et les plus étonnants du monde.

Les animaux sont fascinants et variés, allant des créatures microscopiques aux géants de la jungle. Chaque animal s'est adapté depuis l'apparition de la vie sur terre pour survivre et est devenu un champion dans son domaine !

Vous êtes prêts à rencontrer ces champions de la nature ? Alors c'est parti !

01 Le Plus rapide le Plus grand

Si la baleine bleue était un bateau, elle serait un porte-conteneur géant ! En effet, cet animal est le plus grand de tous les temps, atteignant jusqu'à 33 mètres de long et pesant plus de 170 tonnes. Mais ce n'est pas tout, elle peut également plonger jusqu'à 500 mètres de profondeur pour chercher sa nourriture. Malgré sa taille impressionnante, la baleine bleue se nourrit principalement de krill, de petits crustacés qui pullulent dans les eaux froides. Savais-tu également que son cri peut être entendu jusqu'à 800 kilomètres de distance ? C'est comme si elle hurlait de Paris jusqu'à Marseille !

02 L'animal terrestre le Plus rapide

Le guépard est l'animal le plus rapide de la

planète, capable d'atteindre une vitesse de 120 km/h en seulement quelques secondes. C'est comme si tu roulais sur l'autoroute à pleine vitesse ! Pour arriver à de telles performances, le guépard a un corps très fin et souple qui lui permet de faire des zigzags à grande vitesse pour attraper sa proie. Mais attention, cette course effrénée ne dure que quelques secondes car le guépard s'épuise rapidement.

03 l'animal le plus long

Le serpent anaconda Le serpent anaconda est le plus long animal du monde, pouvant mesurer jusqu'à 10 mètres de long et peser plus de 200 kilos. Selon un article de Planète Animal, l'anaconda est un excellent nageur et peut passer la plupart de son temps sous l'eau, où il traque ses proies, qui peuvent inclure des caïmans et des jaguars :

04 Le Plus gros animal Volant :

L'albatros hurleur est le plus grand oiseau au monde, avec une envergure pouvant atteindre 3,5 mètres et un poids pouvant aller jusqu'à 12 kilos. C'est comme si vous étendiez vos bras pour toucher les deux murs de votre chambre ! Cet oiseau majestueux peut planer pendant des heures sans battre des ailes grâce à ses ailes géantes. Les scientifiques ont découvert que l'albatros hurleur peut parcourir jusqu'à 10 000 km en seulement 12 jours, un exploit incroyable pour un oiseau. Saviez-vous que ces oiseaux passent la majeure partie de leur vie en mer et peuvent même dormir en vol ?

05 l'animal le Plus fort

Le scarabée rhinocéros est l'animal le plus fort de la planète en proportion de sa taille, capable de soulever jusqu'à 850 fois son propre poids. C'est comme si vous souleviez une voiture ! Les mâles utilisent leur corne pour combattre pour les femelles et les sites de nourriture, tandis que les femelles creusent des tunnels pour pondre leurs œufs. Ce petit insecte a une force incroyable qui lui permet de se défendre contre ses prédateurs.

06 Le Plus Petit mammifère

La chauve-souris bourdon, également appelée Kitti à nez de porc, est le mammifère le plus petit au monde, mesurant en moyenne moins de 3 cm de longueur. Cette petite créature est si petite qu'elle peut facilement tenir sur une pièce de monnaie ! La chauve-souris bourdon doit son nom à son cri strident, qui ressemble à celui d'un bourdon.

07 Le Plus Petit rongeur

La gerboise naine est le plus petit rongeur du monde, et même la plus grande ne mesure pas plus de 10 cm ! Ces petites boules de poils sont capables de se déplacer rapidement à travers le sable grâce à leurs pattes arrières très puissantes. La gerboise naine est originaire du désert de Gobi et doit sa petite taille à son adaptation à un environnement où la nourriture est rare et où la concurrence est féroce.

08 Le Plus Petit vertébré

La grenouille Paedophryne amauensis est le plus petit vertébré du monde, mesurant en moyenne seulement 7 mm de longueur. Elle a été découverte en Papouasie-Nouvelle-Guinée en 2009. Cette grenouille microscopique a une peau brun clair tachetée de noir, des yeux globuleux et un nez pointu. Malgré sa petite taille, cette grenouille est un prédateur redoutable qui se nourrit de petits insectes.

09 Le Plus Petit oiseau

Le colibri d'Elena est le plus petit oiseau du monde, mesurant à peine 2 cm de longueur ! Les femelles de cette espèce pondent les œufs les plus petits au monde, qui ne font que quelques millimètres de longueur. Le colibri d'Elena est originaire de Cuba et des îles environnantes. Cette petite boule de plumes est capable de battre des ailes jusqu'à 80 fois par seconde, ce qui lui permet de voler à reculons et de se maintenir en vol stationnaire.

10 l'animal le plus haut

Surnommée la « reine de la savane », la girafe est l'animal le plus haut du monde, mesurant jusqu'à 6 mètres de haut. Son cou allongé est formé de seulement sept vertèbres, soit le même nombre que pour l'homme. Son cœur est également un exploit de la nature : pour pomper le sang jusqu'à sa tête, il peut atteindre jusqu'à 60 cm de longueur et peser jusqu'à 11 kg ! De plus, la girafe possède la plus longue langue de tous les animaux, mesurant en moyenne 50 cm. Cette caractéristique lui permet d'attraper les feuilles des arbres les plus hauts, qu'elle peut ainsi brouter sans difficulté.

11 le plus grand oiseau

L'autruche est le plus grand oiseau au monde, mesurant jusqu'à 2,75 mètres de haut et pouvant peser jusqu'à 160 kg. Elle est également un excellent coureur, pouvant atteindre une vitesse de 70 km/h sur de courtes distances. Son cerveau est très petit par rapport à sa taille, mais cela ne l'empêche pas d'être un animal très intelligent. Elle utilise sa tête comme un balancier pour équilibrer son corps lorsqu'elle court, ce qui lui permet d'aller plus vite. Les plumes d'une autruche adulte peuvent peser jusqu'à 3 kg et sont souvent utilisées pour fabriquer des décorations.

12 l'animal le plus lourd

La baleine bleue est le plus grand animal de la planète, pouvant atteindre une longueur de 30 mètres et un poids de 190 tonnes. C'est aussi l'animal le plus bruyant de la planète, émettant des sons jusqu'à 188 décibels, soit plus fort que le son d'un avion au décollage. Son cœur est également une merveille de la nature, pesant jusqu'à 700 kg et pouvant être aussi grand qu'une petite voiture. Malgré sa taille impressionnante, la baleine bleue se nourrit essentiellement de krill, un petit crustacé.

13 le Plus intelligent des Primates

Le chimpanzé est souvent considéré comme le plus intelligent des primates, notre « cousin » a parfois une mémoire supérieure à la nôtre et est capable de résoudre des problèmes complexes. Il sait créer et utiliser des outils, comme des bâtons pour attraper des fourmis ou des noix. Les chimpanzés communiquent également entre eux par des gestes, des expressions faciales et des vocalisations, ils sont capables de comprendre plus de 1300 signes de la langue des signes américaine. Ils peuvent aussi faire preuve d'empathie envers leurs congénères. Malgré leur intelligence, les chimpanzés restent des animaux sauvages qui peuvent être dangereux en captivité.

14 L'oiseau le plus intelligent

Le corbeau est considéré comme l'un des oiseaux les plus intelligents de la planète. Il est capable de résoudre des problèmes complexes, de manipuler des outils pour atteindre des aliments inaccessibles et même de se souvenir des visages humains pendant plusieurs années. Les chercheurs ont découvert que les corbeaux sont capables de comprendre les concepts abstraits tels que la cause et l'effet, la capacité de transmettre des connaissances à d'autres individus de leur espèce, et même la capacité de prédire les comportements d'autres animaux. En effet, les corbeaux ont une intelligence équivalente à celle des grands singes, et sont donc des oiseaux vraiment intelligents !

15 l' invertébré le Plus intelligent

La pieuvre est un invertébré fascinant qui possède des capacités intellectuelles étonnantes. Elle a des capacités d'observation, de déduction et de mémorisation remarquables. Les chercheurs ont découvert que les pieuvres étaient capables de résoudre des problèmes complexes, de changer de couleur pour se camoufler, et même de manipuler des objets pour ouvrir des conteneurs pour atteindre de la nourriture. En effet, la pieuvre est capable d'imiter d'autres animaux, de comprendre les conséquences de ses actions, et de montrer de la curiosité et de l'exploration.

16 l'animal le Plus lent

L'escargot, avec une vitesse de déplacement

de seulement 5 m/h, est l'animal le plus lent de la planète. Contrairement à ce que l'on pourrait penser, cette lenteur lui est très utile pour se cacher des prédateurs. En effet, grâce à sa coquille, il peut se rétracter entièrement et passer inaperçu pendant de longues heures. De plus, sa bave visqueuse et collante lui permet de se fixer solidement à une surface, même verticale.

17 l'animal le plus rapide

Le faucon pèlerin est l'oiseau le plus rapide de la planète, capable d'atteindre les 350 km/h en volant en piqué. Il utilise cette technique de chasse pour attraper des proies telles que des pigeons ou des étourneaux en vol. Mais comment peut-il voler à une telle vitesse sans se blesser ? C'est grâce à ses narines percées de trous qui lui permettent de réguler la pression de l'air dans ses poumons.

18 l'animal qui vit le plus longtemps

L'éponge Monorhaphis chuni détient le record de la plus longue durée de vie connue : elle aurait vécu pendant plus de 11 000 ans dans les eaux froides de l'océan Arctique. Mais comment est-ce possible ? Les éponges ont la particularité de ne pas vieillir comme les autres animaux car elles ne subissent pas de processus de sénescence, c'est-à-dire de dégénérescence cellulaire. Elles peuvent ainsi se régénérer indéfiniment, comme si elles étaient immortelles.

19 l'animal qui vie le moins longtemps

Les éphémères, souvent appelées mouches de mai, sont des insectes volants connus pour leur durée de vie très courte. Les femelles

ne vivent en effet que quelques heures,
juste le temps de se reproduire. Cependant,
avant d'atteindre l'âge adulte, les éphémères
passent plusieurs années sous forme de larves
dans l'eau.
Les éphémères sont les plus anciens
représentants des insectes volants. Ils
sont apparus pour la première fois lors du
Carbonifère, il y a environ 358 à 258 millions
d'années.

20 L'animal le plus bruyant

Vous pourriez penser que votre voisin est
bruyant, mais attendez de rencontrer celui-
ci ! La baleine à bosse détient le record de
l'animal le plus bruyant du monde, capable
de produire des chants qui peuvent être
entendus à des kilomètres de distance. Les
chants des mâles de cette espèce peuvent
atteindre les 188 décibels, soit plus fort
qu'un jet d'avion au décollage. Les baleines

à bosse utilisent ces chants complexes pour communiquer entre elles et pour se reproduire.

21 l'animal le plus sociable

Si vous cherchez l'animal le plus sociable, tournez-vous vers les dauphins ! Ces mammifères marins sont connus pour leur intelligence, leur capacité à communiquer entre eux et leur interaction amicale avec les humains. Les dauphins vivent en groupes sociaux appelés «pod», et se reconnaissent entre eux grâce à leurs sifflements distinctifs. Ils ont également été observés en train d'aider des humains en mer, en les poussant vers la surface ou en les aidant à nager jusqu'au rivage.

22 l'animal avec la meilleur mémoire des mots

Si vous cherchez un animal capable d'apprendre des phrases entières, regardez du côté du perroquet gris du Gabon ! Ces oiseaux colorés peuvent apprendre jusqu'à 1 000 mots, ainsi que des chansons et des sons. Certains perroquets gris du Gabon sont même capables de répondre à des questions simples en utilisant les mots qu'ils ont appris. Ces oiseaux sont des animaux sociaux et peuvent devenir très attachés à leur propriétaire, ils sont très joueurs et adorent faire des acrobaties.

23 Le Plus grand chat du monde

Si vous cherchez le plus grand chat sauvage, ne cherchez pas plus loin que le tigre de

Sibérie ! Aussi appelé tigre de l'Amour, ce majestueux félin peut mesurer jusqu'à 3,5 mètres de long et peser plus de 300 kg. Le tigre de Sibérie est une espèce en voie de disparition avec moins de 600 individus encore en vie, principalement en Russie. Malgré leur taille impressionnante, ces félins sont des chasseurs solitaires et discrets, capables de se cacher avec facilité grâce à leur pelage rayé.

24 La Plus grande bactérie

La bactérie Thiomargarita magnifica, découverte par des chercheurs de l'Université des Antilles à Pointe-à-Pitre en Guadeloupe, est une géante unicellulaire mesurant environ 1 centimètre de long. Elle vit dans les forêts de mangroves des Petites Antilles caribéennes. Cette nouvelle espèce de bactérie est environ 50 fois plus grosse que les autres espèces de grandes bactéries et 5 000 fois plus grosse que les bactéries traditionnelles. Mais quelle est la raison de sa taille impressionnante ? Selon les chercheurs, cela lui permet d'obtenir l'oxygène et le sulfure dont elle a besoin pour survivre.

La Terre

Bienvenue dans le chapitre des records de la nature ! On va découvrir ensemble les plus grandes merveilles que la Terre a à nous offrir. Alors attachez vos ceintures, et préparez-vous à en prendre plein les yeux !

1 La plus haute montagne

Avez-vous déjà rêvé de toucher les étoiles ? Eh bien, le Mont Everest est le lieu le plus proche pour le faire ! Cette montagne majestueuse est la plus haute du monde, culminant à 8 848 mètres d'altitude. Mais attention, si vous voulez atteindre le sommet, mieux vaut avoir de bonnes chaussures de marche et une grande dose de courage !

2 La plus grande chute d'eau

Imaginez une cascade d'eau si haute et puissante qu'elle crée un nuage de brume visible à des kilomètres à la ronde. C'est exactement ce que les Chutes Victoria, situées en Afrique, offrent à tous ceux qui ont la chance de les voir. Mesurant 108 mètres de hauteur et 1708 mètres de largeur, les chutes Victoria sont un véritable chef-d'œuvre de la nature.

3 Le Plus grand fleuve

Le fleuve Amazone est l'un des plus incroyables de la planète. Il traverse neuf pays d'Amérique du Sud, et mesure plus de 6400 kilomètres de long. Si vous êtes un aventurier, n'hésitez pas à explorer ses eaux et ses rives pour découvrir toutes les richesses qu'il a à offrir.

4 Le Plus grand canyon

Si vous êtes fan de randonnée et de paysages époustouflants, vous ne pouvez pas manquer le Grand Canyon. Ce canyon américain est le plus grand au monde, mesurant plus de 446 kilomètres de long et 1600 mètres de profondeur. C'est l'endroit idéal pour les amateurs de nature et de sensations fortes.

5 Le Point le Plus bas de la Terre

La Mer Morte est un lieu unique en son genre. Située entre Israël, la Jordanie et la Palestine, elle est le point le plus bas de la Terre, à plus de 400 mètres en dessous du niveau de la mer. Ce qui la rend encore plus incroyable, c'est son niveau de sel très élevée. Si tu te baigne dans la mer morte, ton corps va se mettre à flotter à la surface !

6 Le Plus grand lac salé

La mer Caspienne, située entre l'Asie et l'Europe, est considérée comme le plus grand lac du monde. Avec une superficie de plus de 143 000 km², il est tellement grand que les pays riverains ont du mal à se mettre d'accord sur son statut de lac ou de mer. En plus, il est très salé, avec une teneur en sel jusqu'à trois fois supérieure à celle des océans. Malgré sa salinité élevée, la mer Caspienne est également riche en biodiversité, abritant des espèces uniques telles que le poisson-chat de la Caspienne et l'esturgeon.

7 La plus grande barrière de corail

La Grande Barrière de Corail au large de la côte nord-est de l'Australie est la plus grande barrière de corail du monde, s'étendant sur plus de 2 300 km. Elle est si grande qu'elle peut être vue depuis l'espace ! La barrière de corail est également l'une des sept merveilles naturelles du monde. Elle abrite une grande diversité de vie marine, avec plus de 1 500 espèces de poissons, 600 espèces de coraux et de nombreuses autres créatures sous-marines.

8 Le Plus grand désert de sel

Le Salar d'Uyuni en Bolivie est le plus grand désert de sel du monde, avec une superficie de plus de 10 000 km². Il est si grand que les gens l'utilisent pour étalonner les satellites ! Le désert est également le lieu de formation de l'une des plus grandes réserves de lithium au monde, qui est devenue une ressource de plus en plus importante pour la production de batteries de voitures électriques. De plus, le désert est également une destination touristique populaire pour ses paysages magnifiques et uniques.

9 La plus grande grotte

La grotte de Son Doong, un nom qui sonne comme une aventure de Indiana Jones, est la plus grande grotte du monde. Elle se trouve au Vietnam et mesure plus de 5,5 km de long avec une hauteur de plus de 200 mètres. Cette caverne gargantuesque est si grande qu'elle a sa propre jungle, une rivière souterraine et un ciel étoilé visible depuis le fond. Elle est si immense qu'il y a même une partie de la grotte que l'on appelle «Le Passage de l'Enfer» en raison de son étroitesse. Pour y accéder, les visiteurs doivent escalader des falaises, traverser des rivières souterraines et descendre des parois rocheuses abruptes. Si vous êtes un amateur d'aventure, la grotte de Son Doong est un must-see !

10 La plus grande forêt tropicale

L'Amazonie est la plus grande forêt tropicale du monde, couvrant plus de 5,5 millions de km² à travers neuf pays d'Amérique du Sud. C'est tellement grand qu'il y a encore des endroits inexplorés à découvrir ! L'Amazonie est la maison de milliers d'espèces animales et végétales uniques, dont beaucoup sont encore inconnues de la science. C'est également une source importante d'oxygène pour la planète. Malheureusement, l'Amazonie est menacée par la déforestation et la pollution, et il est important de préserver cette merveille naturelle pour les générations futures.

11 Le plus grand désert

L'Antarctique, bien qu'il soit recouvert de glace, est considéré comme le plus grand désert du monde en raison de son faible taux de précipitations. Avec une superficie de 14 millions de km², il est presque deux fois plus grand que l'Europe. Le désert glacé est l'un des endroits les plus inhospitaliers de la planète, avec des vents violents et des températures glaciales atteignant -80°C. Cependant, malgré ses conditions difficiles, l'Antarctique est également l'un des endroits les plus fascinants de la planète, avec des espèces uniques telles que les manchots empereurs et les phoques de Weddell.

12 Le lac le Plus Profond

Si vous voulez nager dans le lac Baïkal, assurez-vous de savoir nager très profondément. En effet, ce lac situé en Sibérie est le plus profond du monde, avec une profondeur de 1 637 mètres ! De plus, il contient environ 20 % de l'eau douce non gelée de la planète, ce qui en fait également la plus grande réserve d'eau douce au monde. En plus de cela, le lac Baïkal est également l'un des plus grands lacs du monde, avec une superficie de 31 722 km². Saviez-vous que le lac Baïkal est également l'un des endroits les plus anciens de la planète ? Il est âgé de plus de 25 millions d'années !

13 La montagne la plus haute

Vous avez toujours rêvé de toucher les nuages ? Eh bien, la montagne la plus haute de la Terre, le mont Everest, est là pour ça ! Culminant à 8 848 mètres d'altitude, le mont Everest est situé dans la chaîne de l'Himalaya et est visité chaque année par de nombreux alpinistes courageux. Saviez-vous que le mont Everest est également le point le plus élevé de la planète ? Et bien, en réalité, ce n'est pas tout à fait vrai, car le sommet du mont Chimborazo, situé en Équateur, est le point le plus éloigné du centre de la Terre en raison de la forme de la planète. Mais ne gâchons pas le plaisir de ceux qui ont gravi l'Everest !

14 Le Point le Plus Profond de l'océan !

Si vous êtes un plongeur en quête d'exploration, Challenger Deep est l'endroit qu'il vous faut ! Avec une profondeur de 10 924 mètres, Challenger Deep est le point le plus profond de l'océan et se situe dans la Fosse des Mariannes. Cette fosse océanique a été découverte en

1875 et est la fosse la plus profonde jamais enregistrée sur Terre. C'est également un lieu fascinant pour les scientifiques qui étudient les formes de vie extrêmes qui habitent ces profondeurs incroyables. Saviez-vous que la pression à Challenger Deep est plus de 1 000 fois supérieure à celle de la surface de la mer ? C'est pourquoi il n'est pas conseillé d'y aller en nageant...

15 L'endroit le plus sec sur Terre !

Vous cherchez un endroit où vous pourrez bronzer sans risquer d'être mouillé par la pluie ? Le désert d'Atacama au Chili est l'endroit qu'il vous faut ! Cette région est considérée comme le désert le plus sec de la planète, avec certaines parties où il n'a pas plu depuis des siècles. En fait, certains scientifiques appellent cette région le «désert absolu» car la quantité de précipitations enregistrée est quasi nulle. C'est pourquoi la NASA utilise cette région pour tester ses robots avant de les envoyer sur Mars, car les conditions y sont similaires à celles de la planète rouge. Saviez-vous que malgré son aridité

16 La température la plus chaude

La Vallée de la Mort, en Californie, est tellement chaude qu'elle pourrait vous faire fondre comme une boule de glace en plein soleil ! En 1913, une température record de 56,7°C y a été enregistrée. C'est le record absolu pour la température la plus chaude jamais enregistrée sur Terre. Attention à ne pas oublier sa crème solaire si vous vous y aventurez !

17 L'endroit habité le Plus isolé

Avez-vous déjà eu envie de vous échapper du monde moderne pour vivre une vie simple et paisible ? Eh bien, l'île Tristan da Cunha dans l'océan Atlantique est peut-être l'endroit pour vous ! Cette petite île compte seulement 271 habitants et est à plus de 2 400 km de la côte sud-africaine la plus proche. Cela en fait l'endroit habité le plus isolé de la planète. Et si vous vous sentez seul, ne vous inquiétez pas, les habitants sont connus pour leur accueil chaleureux.

18 Les temPératures les Plus basses

Vous pensez que l'hiver peut être froid ? Eh bien, vous n'avez pas encore été à la Base Vostok en Antarctique ! Cette station de recherche a enregistré une température record de -93,2°C en 2010, ce qui en fait l'endroit le plus froid sur Terre. C'est tellement froid que même les scientifiques doivent être vigilants pour ne pas geler leurs doigts pendant qu'ils prennent des mesures. Peut-être qu'il vaut mieux laisser les manchots profiter de ce lieu pour eux-mêmes !

19 Le fleuve le plus long

Le Nil est le fleuve le plus long du monde, parcourant plus de 6 700 km à travers l'Afrique. C'est aussi l'un des fleuves les plus anciens de la planète, jouant un rôle crucial dans l'histoire et la culture de la civilisation égyptienne. Cependant, il y a un petit problème : l'Amazone a également une longueur similaire et il y a un débat sur lequel est réellement le plus long. Peut-être que les deux fleuves devraient s'affronter dans une course pour régler le débat une fois pour toutes !

20 Le Plus grand volume de neige

Savez-vous où se trouvent les régions montagneuses qui connaissent les plus fortes précipitations neigeuses au monde ? Sur l'île de Honshu au Japon, avec des hauteurs annuelles moyennes comprises entre 30 et 38 mètres ! Oui, vous avez bien lu, MÈTRES ! Cela signifie que chaque année, une quantité de neige équivalente à un immeuble de 10 étages s'abat sur ces montagnes. C'est incroyable ! Imaginez-vous sortir de chez vous le matin et devoir affronter une neige haute comme un immeuble...

21 Le Plus grand volcan du monde

Les volcans terrestres sont déjà assez

impressionnants, mais saviez-vous que le plus grand volcan du monde se trouve sous l'océan Pacifique ? Il couvre l'équivalent des îles Britanniques, soit 310 000 km², et c'est l'un des plus grands volcans de notre système solaire ! Ce géant, appelé le Massif Tamu, s'est formé il y a environ 145 millions d'années et est aujourd'hui éteint. Mais imaginez-vous être là, au-dessus de cette immense montagne sous-marine, et regarder en bas dans les profondeurs abyssales de l'océan... Impressionnant !

22 La Plus vieille roche terrestre

Et si on vous disait que la plus vieille roche terrestre connue jusqu'à ce jour est plus vieille que tous vos ancêtres réunis ? Un cristal de zircon vieux de plus de 4,4 milliards d'années a été découvert par une équipe de scientifiques !

Ce joyau témoigne de la naissance de la croûte terrestre peu de temps après la formation de la Terre elle-même. Pour vous donner une idée, à cette époque, notre planète était encore en formation et il faudra encore des milliards d'années avant que les premiers êtres humains apparaissent. C'est fascinant de penser que cette petite pierre a traversé les âges pour nous permettre de mieux comprendre notre passé.

23 Les vagues scélérates

Les marins et les explorateurs en ont parlé pendant des siècles, mais il n'y a pas si longtemps que les vagues scélérates ont été filmées et mesurées. Et quand on voit ces images, on comprend pourquoi ces vagues sont si terrifiantes ! Imaginez une vague géante qui surgit de nulle part et dépasse les 30 mètres de haut ! Ces vagues sont imprévisibles et peuvent couler les plus grands navires. En effet, la plus grande vague jamais enregistrée mesurait plus de 34 mètres de haut et pesait environ 100 tonnes au mètre carré. C'est incroyable de penser que de telles forces se cachent sous la surface de l'eau... Et si vous vous retrouviez nez à nez avec une de ces vagues, que feriez-vous ? Courir ou nager ?

LES VÉGÉTAUX

Dans ce chapitre, nous allons découvrir des plantes qui ont réussi à déployer des talents cachés et à défier les lois de la nature.

Vous serez épaté par la taille et la longévité de ces arbres qui peuvent vivre pendant des milliers d'années. Ils ont traversé les âges et ont des histoires à raconter !

01 L'arbre Le Plus Vieux

Les pins de Californie (Pinus longaeva) remportent le record de l'arbre le plus vieux avec une estimation de 5000 ans ! Mais attention, le vétéran de 4900 ans a malheureusement été abattu en 1964. En Iran, un Cypres (Cupresaceae) âgé de 4500 à 5000 ans trône fièrement avec ses 25 mètres de haut et un tronc de 18,6 mètres de diamètre. Mais le champion toutes catégories est un sapin en Suède qui a survécu pendant plus de 9550 ans ! Imaginez tout ce qu'il a pu voir pendant sa longue vie.

02 L'arbre le Plus imposant

Le séquoia géant (Sequoiadendron giganteum) est la star de la catégorie «le plus imposant». Le fameux «Général Sherman» est considéré comme le plus grand arbre du monde en volume avec une circonférence de

31,1 mètres et une hauteur de 83,8 mètres. Il pèse plus de 1900 tonnes ! C'est l'équivalent de 15 éléphants adultes.

03 L'arbre le plus haut :

Le séquoia de Californie ou Redwood (Sequoia sempervirens) s'envole dans les airs pour remporter le record de l'arbre le plus haut. Il dépasse souvent les 100 mètres de hauteur, mais le plus haut arbre vivant mesure 112 mètres ! C'est comme si un immeuble de 35 étages était planté dans votre jardin.

04 L'arbre le plus lourd :

Encore le séquoia de Californie ou Redwood (Sequoia sempervirens) nommé Colonel Armstrong qui gagne la catégorie «le plus lourd». Avec ses 88 mètres de haut et un diamètre à hauteur d'homme de 3,39 mètres, il pèse environ 110 tonnes. Mais saviez-vous qu'il existe des champignons qui vivent en symbiose avec les séquoias et peuvent leur ajouter jusqu'à 20% de leur masse totale ? Peut-être que le Colonel Armstrong n'est pas si lourd que ça après tout !

05 La fleur la plus anciènne

Silene stenophylla, la fleur la plus vieille du monde, avec ses 31 500 ans, a été retrouvée en Sibérie. Elle était enfouie dans le pergélisol, le sol gelé de la région. Grâce à cette conservation naturelle, les scientifiques ont réussi à faire germer la plante sans difficulté en 2012, témoignant de la résistance étonnante des végétaux à la cryoconservation. On peut dire que cette fleur a vraiment vu passer le temps !

06 Les graines les plus endurantes :

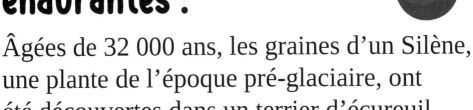

Âgées de 32 000 ans, les graines d'un Silène, une plante de l'époque pré-glaciaire, ont été découvertes dans un terrier d'écureuil en Sibérie. Elles ont été préservées par la congélation du pergélisol, qui les a maintenues en état de dormance pendant des milliers d'années. À la surprise des chercheurs, ces graines ont germé et ont même fleuri, prouvant qu'elles étaient toujours capables de se reproduire après tout ce temps. Ces graines nous rappellent que la vie peut être résiliente, même dans les conditions les plus difficiles.

07 Le buisson de houx qui ne vieillit jamais

Un buisson de houx de Tasmanie a été estimé à l'âge incroyable de 43 000 ans, ce qui en fait la plante la plus ancienne du monde. Cette plante pousse en continu grâce à une technique appelée bouturage, qui permet à de nouvelles pousses de se développer à partir de la tige d'origine. Ainsi, le buisson de houx de Tasmanie a continué à se régénérer et à se développer sans interruption pendant des milliers d'années. On pourrait dire que cette plante est comme un chat qui a neuf vies, mais avec des milliers d'années en plus !

08 Le fruit le plus costaud :

La Jacques du Jacquier est un fruit géant qui peut peser de 15 à 40 kg ! Originaire d'Asie du Sud-Est, il est souvent utilisé dans la cuisine locale pour préparer des plats sucrés et salés. Le Jacquier est un fruit tropical qui pousse sur un arbre pouvant atteindre 20 mètres de hauteur. Avec un poids impressionnant comme le sien, ce fruit pourrait nourrir toute une famille pendant plusieurs semaines ! Mais peut-être faut-il prévoir un chariot pour le transporter jusqu'à la cuisine...

Histoire et préhistoire

IL EST TEMPS DE VOYAGER DANS LE PASSÉ ET DE DÉCOUVRIR CERTAINS DES FAITS LES PLUS SURPRENANTS ET LES PLUS AMUSANTS DE L'HISTOIRE ET LA PRÉHISTOIRE.

TU DÉCOUVRIRAS DES HISTOIRES FASCINANTES, DES PERSONNAGES ÉTONNANTS ET DES ÉVÉNEMENTS QUI ONT FAÇONNÉ NOTRE MONDE TEL QUE NOUS LE CONNAISSONS AUJOURD'HUI. ALORS, ATTACHE TA CEINTURE CAR NOUS ALLONS FAIRE UN TOUR DANS LE TEMPS !

1 Le plus grand empire de tous les temps

Saviez-vous que l'Empire mongol était si grand qu'il était quatre fois plus grand que l'Empire romain ? Fondé par Genghis Khan au début du XIIIe siècle, l'Empire mongol s'étendait sur près de 24 millions de kilomètres carrés. Environ un cinquième de la population mondiale vivait sous sa domination à son apogée. Cet empire a également laissé un héritage culturel important, notamment dans les domaines de l'art, de la musique et de la littérature. Les Mongols étaient des éleveurs nomades et des guerriers impitoyables qui ont conquis des territoires énormes, des steppes de l'Asie centrale à l'Europe de l'Est.

2 Le plus ancien empire connu

Les Sumériens ont été les premiers à émerger en Mésopotamie vers 4000 avant JC, ce qui en fait la plus ancienne civilisation connue de l'histoire. Ils ont inventé l'écriture cunéiforme, la première forme d'écriture de l'humanité.

Ils étaient également connus pour leur ingéniosité en matière d'irrigation, créant des systèmes sophistiqués pour contrôler les flux d'eau des rivières. Mais leur plus grande contribution a peut-être été leur développement des concepts de ville et de gouvernement centralisé, avec des rois puissants qui régnaient sur des villes-états prospères.

Leur civilisation a malheureusement fini par décliner en raison de l'invasion des Akkadiens, mais les Sumériens ont posé les fondements de la civilisation telle que nous la connaissons aujourd'hui.

3 La plus grande bataille navale

La bataille de Leyte Gulf a été le théâtre de la plus grande bataille navale de l'histoire, impliquant plus de 200 000 marins et environ 500 navires pendant la Seconde Guerre mondiale. La bataille a eu lieu en octobre 1944 dans les eaux près des Philippines et a vu les forces américaines affronter les forces japonaises.

C'était une bataille décisive dans la guerre dans le Pacifique, qui a permis aux Américains de sécuriser leur position dans la région et de commencer à pousser les Japonais vers la défaite. La bataille a également vu l'utilisation de nouvelles tactiques et technologies, telles que l'utilisation de porte-avions et de torpilles guidées.

4 La Plus grande migration de l'histoire

Les Huns ont été les plus grands migrants de l'histoire ! Au Ve siècle de notre ère, ces guerriers féroces ont parcouru des milliers de kilomètres depuis l'Asie centrale jusqu'en Europe, laissant derrière eux des terres dévastées et des villages en ruines. Ils ont fini par établir leur empire sur une grande partie de l'Europe de l'Est, et leur chef Attila est devenu l'une des figures les plus redoutées de l'histoire. Cette migration massive a laissé une empreinte durable sur l'histoire de l'Europe, en particulier sur la chute de l'Empire romain.

5 La plus grande ville de l'Antiquité

Rome n'était pas construite en un jour, mais elle était la plus grande ville de l'Antiquité ! À son apogée au IIe siècle après J.-C., elle comptait environ un million d'habitants, soit environ un cinquième de la population mondiale à l'époque. La ville a connu une croissance rapide grâce à son statut de capitale de l'Empire romain, ainsi qu'à son rôle de centre culturel et commercial.

6 Le Plus ancien système d'écriture

L'écriture cunéiforme était le premier système d'écriture de l'histoire ! Développée en Mésopotamie vers 3400 avant J.-C., elle était utilisée pour enregistrer des informations telles que des transactions commerciales et des lois. Les scribes utilisaient des outils pointus pour inscrire des formes de coin dans de l'argile humide, créant ainsi des signes qui pouvaient être lus par d'autres personnes. Ce système a révolutionné la façon dont les gens communiquaient et a ouvert la voie à la création de nombreuses autres formes d'écriture.

7 La Plus grande Pyramide

La pyramide de Khéops, également connue sous le nom de grande pyramide de Gizeh était la plus grande pyramide du monde antique, et elle reste une merveille architecturale à ce jour ! Construite vers 2560 avant J.-C. en tant que tombeau pour le pharaon Khéops, elle mesure 146 mètres de haut et a une base de plus de 13 hectares. Cette pyramide est restée la plus haute structure de l'humanité pendant près de 4000 ans. Plus de 100 000 travailleurs ont travaillé pendant plus de 20 ans pour construire cette pyramide. Imaginez être un ouvrier égyptien sur le chantier de construction de cette pyramide gigantesque !

8 La cité inca la plus haute

Machu Picchu est une cité inca située dans les montagnes du Pérou, perchée à une altitude de 2430 mètres au-dessus du niveau de la mer. Cette cité ancienne a été construite il y a plus de 500 ans et est considérée comme l'un des plus grands chefs-d'œuvre architecturaux de l'histoire. Elle était accessible uniquement à pied, ce qui en faisait une cité fortifiée. Imaginez faire une randonnée jusqu'à la cité inca la plus haute de l'histoire !

9 Le plus ancien système de route

La Voie Appienne était une route pavée construite en 312 avant J.-C. pour relier Rome à Brindisi. Cette route est considérée comme le premier système de route pavée et mesurait plus de 500 km de long. Il y avait des bornes kilométriques en pierre tout au long de la route, et certains tronçons sont encore visibles aujourd'hui. Imaginez faire un road trip sur la plus ancienne route pavée de l'histoire !

10 La plus grande bibliothèque de l'Antiquité

La Bibliothèque d'Alexandrie était la plus grande bibliothèque de l'Antiquité, fondée en 283 avant J.-C. Elle avait des salles de lecture, des jardins, des fontaines et une grande collection de manuscrits et d'écrits de tout le monde connu de l'époque. Malheureusement, la bibliothèque a été détruite plusieurs fois par le feu, laissant peu de traces de son passé. Imaginez pouvoir parcourir les étagères de cette bibliothèque légendaire !

11 La Plus grande muraille du monde

La Grande Muraille de Chine est non seulement la plus longue muraille du monde, mais elle est aussi considérée comme la plus grande réalisation de l'architecture militaire de l'histoire. Construite pendant plus de 2 000 ans, elle s'étend sur plus de 8 800 kilomètres et peut être vue depuis l'espace ! Bien que certains tronçons soient en ruine, d'autres parties sont toujours en très bon état aujourd'hui.

12 La Plus grande bataille

La bataille de Stalingrad pendant la Seconde Guerre mondiale a été une bataille épique qui a duré près de 200 jours. Plus de deux millions de soldats ont participé à cette bataille, qui s'est déroulée dans des conditions extrêmes, avec des températures glaciales et des combats de rue brutaux. La victoire de l'Union soviétique a été cruciale pour la suite de la guerre et est considérée comme l'un des tournants de l'histoire.

13 La plus grande conquête territoriale

L'Empire britannique était autrefois le plus grand empire de tous les temps en termes de superficie. À son apogée en 1922, il contrôlait environ un quart de la surface de la Terre, y compris une grande partie de l'Inde, de l'Afrique et de l'Australie. En fait, le soleil ne se couchait jamais sur l'empire britannique car il y avait toujours une partie du monde où il était jour !

14 La plus grande victoire navale

La bataille de Salamine en 480 avant JC a été l'un des moments les plus importants de l'histoire grecque. Les forces grecques, menées par le célèbre général Thémistocle, ont vaincu une flotte perse bien supérieure en nombre, mettant fin à l'invasion perse de la Grèce. La bataille a été livrée dans un détroit étroit, où les Perses ne pouvaient pas utiliser leur supériorité numérique. Les Grecs ont donc utilisé leur ruse pour détruire la flotte perse, en utilisant des navires plus petits et plus maniables pour harceler les Perses. La victoire grecque a été cruciale pour la survie de la Grèce en tant que nation indépendante.

la technologie

Bienvenue dans le monde des gadgets les plus incroyables et des inventions les plus loufoques. Dans ce chapitre dédié aux records de la technologie, préparez-vous à être bluffé par les exploits technologiques qui vont vous faire tourner les engrenages !

Entrez dans l'univers des super-ordinateurs, ces mastodontes numériques capables de calculer plus vite que la vitesse de l'éclair.

01 L'invention la Plus importante

L'invention de l'imprimerie par Johannes Gutenberg en 1440 a été révolutionnaire pour la diffusion de l'information. Elle a permis la production en masse de livres et d'autres documents, ce qui a eu un impact considérable sur l'histoire de l'humanité.

Avant l'imprimerie, les livres étaient copiés à la main par des scribes, ce qui les rendait très coûteux et limitait leur diffusion à un petit nombre de personnes. Mais grâce à l'imprimerie, les livres sont devenus plus accessibles et ont commencé à se répandre à travers l'Europe, permettant la diffusion des connaissances et des idées.

L'imprimerie a également permis la création de journaux, qui ont commencé à se répandre à partir du XVIIe siècle et ont contribué à la diffusion de l'information à grande échelle.

02 L'ordinateur le plus rapide

Le laboratoire national d'Oak Ridge du Tennessee est fier de posséder le supercalculateur le plus rapide du monde, Frontier. Cette machine innovante est capable d'effectuer 1,1 quintillion de calculs en une seconde, ce qui la rend exascale. Les domaines de la science, de la santé, de la physique des particules et de la météorologie vont bénéficier de cette technologie. Son rival, le Fugaku du RIKEN Center for Computational Science à Kobe, est loin derrière avec ses 442 quadrillions (ou 1015) opérations par seconde. Lequel des deux vous choisiriez pour résoudre votre Sudoku ?

03 La voiture la plus rapide

La Bugatti Chiron Super Sport 300+ est la reine de la vitesse, avec une vitesse maximale de 490,484 km/h. Elle est équipée d'un moteur W16 de 8 litres produisant une puissance de 1600 chevaux. Elle a été conduite par le pilote de course Andy Wallace pour établir son record en 2019, sur une piste d'essai allemande. Sa vitesse est suffisamment rapide pour parcourir un terrain de football en moins d'une seconde !

04 Le Plus grand drone

Le drone chinois JMR-X6000 est un géant de l'air, avec une envergure de 6 mètres et une charge utile de 250 kg. Il peut voler jusqu'à une altitude de 5000 mètres pendant 8 heures, ce qui en fait un outil utile pour les opérations de surveillance et de secours en cas de catastrophe naturelle. Avec une taille si imposante, on peut se demander s'il faut un permis de pilotage pour le faire voler !

05 Le robot le plus rapide

Le robot KUKA KR Agilus a des réflexes

éclairs, battant le record du monde de la vitesse de bras robotisé en déplaçant une balle de ping-pong en seulement 0,99 seconde. Avec sa capacité de mouvement rapide et précis, il est utilisé dans de nombreuses industries, notamment l'automobile, l'agroalimentaire et l'emballage.

06 Le train le plus rapide

Le train Maglev, développé par la compagnie Central Japan Railway, a réussi à battre tous les records de vitesse en atteignant 603 km/h lors d'un test sur une ligne expérimentale. Ce train à sustentation magnétique se déplace au-dessus de la voie grâce à la force des aimants, et a été qualifié de «première mondiale» par le porte-parole de la compagnie japonaise. C'est donc le moyen de transport le plus rapide au monde, et qui pourrait révolutionner les déplacements dans les années à venir. Imaginez, en moins de 2 heures, vous pourriez voyager de Paris à Marseille !

07 La voiture électrique la plus rapide

Imaginez-vous au volant de la voiture électrique la plus rapide au monde : la Rimac C_Two. Cette merveille de technologie croate a battu le record de vitesse pour une voiture électrique en 2021 en atteignant une vitesse de 412 km/h. Cela signifie que vous pourriez faire un trajet de 0 à 400 km/h plus rapidement que le temps qu'il vous faut pour lire cette phrase ! La Rimac C_Two est équipée d'un moteur électrique de 1914 chevaux et d'une batterie de 120 kWh, ce qui lui permet d'avoir une autonomie de 550 kilomètres. Cette voiture n'est pas seulement rapide, elle est aussi belle à regarder, avec ses portes papillon et ses lignes futuristes. Êtes-vous prêt à mettre le pied au plancher et à vous envoler à une vitesse incroyable ?

08 Le bâtiment le plus intelligent

Le bâtiment The Edge à Amsterdam a été désigné comme étant le bâtiment le plus intelligent au monde en raison de ses nombreuses fonctionnalités de pointe. C'est un bâtiment écologique et connecté, avec des capteurs qui surveillent en temps réel la température, la lumière, l'humidité et même le niveau de bruit. Ces données sont utilisées pour optimiser l'utilisation de l'énergie et améliorer le confort des occupants. The Edge est également équipé de panneaux solaires, d'un système de récupération d'eau de pluie, d'une ventilation naturelle et d'un éclairage LED. Mais ce n'est pas tout, il dispose également de robots qui nettoient les sols et d'une application mobile qui permet aux employés de régler la température de leur bureau en fonction de leurs préférences. Avec toutes ces fonctionnalités, vous vous demanderez peut-être si The Edge n'est pas en train de devenir notre nouveau maître à tous ?

09 Le Premier téléPhone

Nous prenons tellement pour acquis l'existence des téléphones portables que nous oublions souvent leur histoire. Le premier téléphone a été inventé par Alexander Graham Bell en 1876. La première phrase qu'il a prononcée sur le téléphone était «Monsieur Watson, venez ici, j'ai besoin de vous». À l'époque, les gens étaient sceptiques quant à l'utilité d'un tel appareil, mais Bell a continué à travailler sur son invention et a fondé la Bell Telephone Company en 1877. Aujourd'hui, plus de 5 milliards de personnes dans le monde utilisent un téléphone portable, et ils ont évolué pour devenir bien plus qu'un simple outil de communication. Ils sont maintenant des appareils multifonctionnels qui peuvent être utilisés pour prendre des photos, naviguer sur Internet et même jouer à des jeux. Qui aurait pensé que la première conversation téléphonique donnerait naissance à une révolution technologique qui changerait le monde à jamais ?

10 Le robot le plus rapide à résoudre un Rubik's cube

Le record du monde du robot le plus rapide à résoudre un Rubik's cube appartient à un robot construit par Zackary Gromko. Doté de six bras, ce robot est capable de scanner et résoudre un Rubik's cube en seulement 2,39 secondes ! À titre de comparaison, cela prendrait environ une minute pour un humain moyen pour résoudre le même puzzle. Le robot a été conçu pour démontrer que n'importe quel cube peut être résolu en moins de 20 tours, même si les méthodes humaines les plus rapides nécessitent généralement 60 tours. Maintenant, la question est de savoir si le robot peut battre son propre record.

11 La Vitesse la Plus rapide en combinaison

Richard Browning, un inventeur britannique, a établi un record du monde pour le vol le plus rapide dans une combinaison à moteur à réaction contrôlée par le corps. En 2019, il a atteint une vitesse incroyable de 136,891 km/h sur Brighton Beach, dans l'East Sussex, au Royaume-Uni. Sa combinaison de vol à réaction rappelle celle d'un super-héros de bande dessinée, mais elle est capable de soulever un homme dans les airs avec une puissance de feu de plus de 1 000 chevaux. Il y a encore beaucoup de choses à améliorer dans la combinaison, mais Browning envisage déjà de battre son propre record en effectuant des vols encore plus rapides. Peut-être qu'un jour, nous pourrons tous voler comme des super-héros !

12 La moto électrique à roue unique la plus rapide

Pour les fans de motos électriques, cette moto à une roue est quelque chose d'unique et de fascinant. Elle est capable de rouler à une vitesse record de 95,04303 km/h, battant ainsi le record du monde de la moto électrique à roue unique la plus rapide en mai 2021. Bien que cela puisse sembler incroyablement difficile à contrôler, le pilote a réussi à rester en équilibre et à rouler à grande vitesse sur cette moto extrêmement particulière. Cependant, il faut se demander si la moto à une roue est vraiment pratique pour se déplacer au quotidien. Peut-être est-ce mieux de rester sur une moto traditionnelle à deux roues !

13 La plus grande machine d'arcade

Jason Camberis, un passionné de jeux vidéo de l'Illinois (États-Unis), a construit la plus grande machine d'arcade au monde en 2014. Mesurant 4,41 mètres de haut, 1,93 mètre de large et 1,06 mètre de profondeur, cette armoire de jeu géante comprend 200 jeux classiques tels que Pac-Man, Space Invaders et Donkey Kong. Camberis a décidé de construire cette machine d'arcade géante pour apporter de la joie et du divertissement aux gens de sa communauté, et il a réussi son pari. La machine d'arcade a été présentée dans de nombreux festivals et événements locaux, et elle est devenue une attraction populaire pour les amateurs de jeux vidéo de tous âges

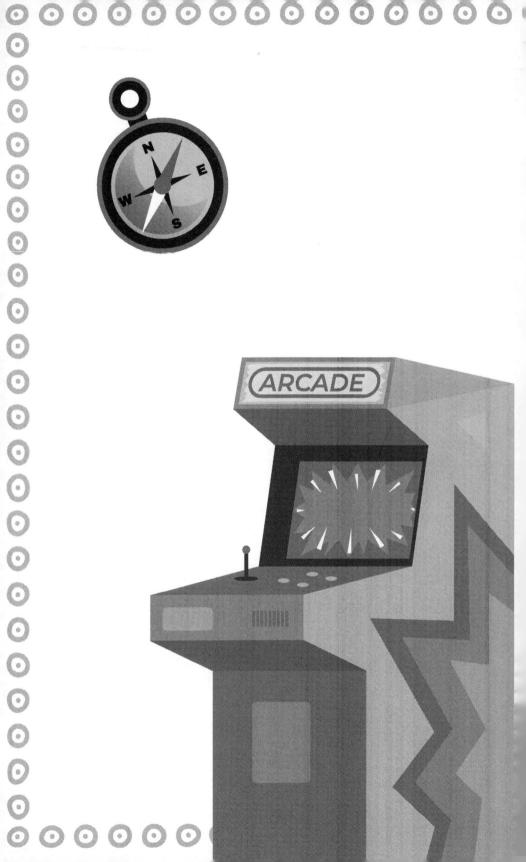

L'espace

L'espace, cette vaste étendue mystérieuse qui a fasciné les êtres humains pendant des siècles. Au fil du temps, l'exploration spatiale a connu des avancées incroyables et des records ont été établis. Voici quelques-uns des records les plus étonnants liés à l'espace

01 Le trou noir le plus proche de nous

L'équipe d'astrophysiciens qui a analysé les données du télescope spatial Gaia de l'Agence spatiale européenne a découvert l'existence du trou noir le plus proche de la Terre, Gaia BH1. Ce trou noir se trouve «seulement» à 1 560 années-lumière de notre planète, soit deux fois plus proche que le précédent trou noir que l'on pensait être le plus proche de nous. Bien que 10 fois plus massive que le Soleil, Gaia BH1 orbite autour d'une étoile semblable à la nôtre, mais pourrait bientôt perdre sa place de «champion». Les scientifiques estiment qu'il y a au moins 100 millions de trous noirs dans la Voie lactée, dont la plupart sont cependant invisibles et donc difficiles à trouver. Et si un trou noir se cachait juste derrière vous ?

02 Le plus long séjour dans l'espace

Valeri Polyakov est le champion de l'espace ! Cet astronaute russe a passé un record de 437 jours dans la station spatiale Mir en 1994-1995. Cela équivaut à près de 15 mois sans avoir les pieds sur Terre ! Il a également battu le record de la plus longue période de temps passée en apesanteur lors d'une seule mission spatiale. Pendant son séjour dans l'espace, Polyakov a effectué des expériences sur les effets de la microgravité sur le corps humain, et a ainsi contribué à la recherche sur la santé des astronautes. Cela lui a valu des récompenses prestigieuses, comme l'Ordre de Lénine et la Médaille d'or de la Fédération de Russie.

03 Le plus grand télescope spatial

Le télescope spatial Hubble est le plus grand «voyeur» de l'univers ! Depuis son lancement en 1990, il a capturé des images specta-culaires de galaxies lointaines, de nébuleuses et d'autres objets célestes. Hubble a permis aux astronomes de découvrir de nouveaux mondes et de mieux comprendre la compo-sition et l'évolution de l'univers. Avec un miroir principal de 2,4 mètres de diamètre, Hubble est capable de détecter la lumière venant des objets les plus faibles et les plus lointains de l'espace. Même s'il est en fin de vie, le télescope spatial Hubble continue de captiver notre imagination avec ses images éblouissantes de l'univers.

04 La Première femme à marcher dans l'espace

Bravo à Kathryn Sullivan, la pionnière de l'espace ! En 1984, elle est devenue la pre-mière femme à marcher dans l'espace lors de la mission STS-41G à bord de la navette spatiale Challenger. Sullivan a passé plus de trois heures à l'extérieur de la navette, effectuant des réparations sur le satellite de communication. Elle a également participé à une autre mission spatiale en 1990, devenant la première femme à voyager à la fois dans l'espace et dans les profondeurs de l'océan en tant que membre de l'équipage de la mission de plongée sous-marine d'Alvin. Sullivan a également été la première femme nommée chef du Corps des astronautes de la NASA, faisant preuve de leadership et d'innovation dans le domaine de l'exploration spatiale.

05 La Première sonde à se Poser sur une Comète

Félicitations à la sonde Rosetta pour son incroyable exploit ! Lancée en 2004 par l'Agence spatiale européenne, elle a parcouru plus de 6 milliards de kilomètres avant de se poser sur la comète Churyumov-Gerasimenko en 2014. C'était la première fois qu'une sonde spatiale se posait sur une comète en mouvement, fournissant des données cruciales sur la composition et la structure de ces corps célestes. Rosetta a également largué un petit robot nommé Philae qui a effectué des analyses de la surface de la comète. L'exploit de la sonde Rosetta a été salué comme une avancée majeure dans la recherche spatiale et a ouvert la voie à de nouvelles missions d'exploration

06 La Première Photo d'un trou noir

Le 10 avril 2019, l'humanité a franchi une étape incroyable en réussissant à prendre la première photo d'un trou noir ! Cette découverte a été qualifiée d'historique, car les trous noirs ont longtemps été considérés comme des mystères de l'univers. L'image a été capturée par le réseau Event Horizon Telescope, un regroupement de huit télescopes à travers le monde qui ont travaillé ensemble pour produire cette image époustouflante. L'image montre le trou noir supermassif M87, situé à 55 millions d'années-lumière de la Terre.

Les scientifiques ont comparé cette prouesse à l'équivalent de lire un journal à New York depuis une tasse de café à Paris !

07 Le Plus long séjour dans l'espace

L'astronaute russe Valeri Polyakov détient le record du plus long séjour dans l'espace, ayant passé 437 jours à bord de la station spatiale Mir en 1994-1995. C'est l'équivalent de près de 15 mois sans toucher terre ! Pendant son séjour, il a effectué de nombreuses expériences scientifiques et médicales pour étudier les effets de la gravité zéro sur le corps humain. À son retour sur Terre, il a dû réapprendre à marcher et a subi une perte de poids considérable. On peut dire que cet exploit a été un véritable défi pour sa résilience physique et mentale.

08 La plus grande distance parcourue dans l'espace

L'astronaute russe Anatoli Arkhipov a établi le record de la plus grande distance parcourue dans l'espace lors de la mission Soyuz 39 en 1981, en parcourant une distance totale de 20,9 millions de kilomètres en orbite autour de la Terre pendant 49 jours. Il a travaillé avec un cosmonaute bulgare, faisant ainsi de Soyuz 39 la première mission interculturelle de l'histoire de la conquête spatiale. Pendant leur mission, ils ont mené des expériences sur les effets de la microgravité sur le corps humain et ont pris des photos de la Terre à des fins scientifiques. On peut dire que cette mission a permis d'en apprendre beaucoup sur la vie en orbite et sur les relations interculturelles dans un environnement hostile.

09 La Première mission spatiale habitée

Le 12 avril 1961, Youri Gagarine est devenu le premier être humain à voyager dans l'espace lors de la mission Vostok 1. Cette mission historique a été suivie par des millions de personnes dans le monde entier et a marqué le début de l'ère de la conquête spatiale. Gagarine est devenu une icône de la culture populaire en Russie et a reçu de nombreuses récompenses pour son exploit. On peut dire que cette mission a ouvert la voie à des découvertes scientifiques incroyables et à des avancées technologiques qui ont changé le cours de l'histoire.

10 Le Plus grand nombre de missions spatiales

Jerry Ross, l'homme qui ne voulait jamais rentrer ! Cet astronaute américain détient le record du plus grand nombre de missions spatiales avec pas moins de 7 vols spatiaux entre 1985 et 2002. Il a passé plus de 58 jours dans l'espace au total, ce qui en fait l'un des humains les plus expérimentés dans ce domaine. Mais que peut-il bien y avoir d'aussi génial dans l'espace pour qu'il y retourne encore et encore ?

11 Le Premier rover sur Mars

Sojourner, le petit rover qui a conquis Mars ! En 1997, la NASA a réussi à faire atterrir avec succès le rover Sojourner sur la planète rouge, lors de la mission Mars Pathfinder. Ce rover a été le premier engin à être déployé sur une autre planète et a permis de collecter des données scientifiques précieuses, tout en captivant l'imagination du grand public. Qu'a-t-il bien pu découvrir lors de son voyage sur Mars ?

12 La Plus grande découverte de Planètes

La mission Kepler de la NASA a découvert plus de 2 800 planètes extrasolaires, soit plus de la moitié des planètes connues à ce jour. Cette mission, lancée en 2009, a utilisé un télescope spatial pour surveiller des milliers d'étoiles en quête de signes de planètes en orbite autour d'elles. Cette découverte a changé notre compréhension de l'univers et de la place que nous y occupons. Mais combien y a-t-il de planètes habitées par des petits hommes verts ?

13 La Plus grande découverte de galaxies

Le télescope spatial Hubble de la NASA a détecté plus de 10 000 galaxies jusqu'à présent, dont certaines remontent à près de 13 milliards d'années-lumière de nous. Cette découverte a permis aux scientifiques de mieux comprendre l'histoire de l'univers, de son origine à son évolution. Mais quelle est la plus belle galaxie qu'ils aient jamais vue ?

14 La Plus grande découverte d'eau

Imaginez un monde où il y aurait des océans sous la surface glacée d'une petite lune ? Eh bien, cette découverte est devenue réalité en 2015 lorsque la sonde Cassini de la NASA a détecté des jets d'eau s'échappant de la surface de la lune Encelade de Saturne. Cette observation suggère que la lune abrite un océan d'eau liquide sous sa surface, ce qui la rendrait potentiellement habitable pour des formes de vie. Et si nous n'étions pas seuls dans l'univers ?

15 La Plus grande découverte de matière noire

Vous avez toujours voulu savoir ce qui se cachait dans l'univers ? Eh bien, en 2013, le satellite européen Planck a révélé que la matière ordinaire, telle que les étoiles et les galaxies, ne représentait que 5% de l'univers connu, tandis que la matière noire en constituait environ 27%. Cette découverte nous a permis de mieux comprendre la structure de l'univers et sa composition. Et si cette matière noire était en réalité composée de licornes cosmiques ?

16 La Plus grande découverte de l'histoire de l'astronomie

Les astronomes Arno Penzias et Robert Wilson ont découvert quelque chose de phénoménal en 1964 : le rayonnement cosmique de fond, le rayonnement le plus ancien de l'univers, qui avait été émis seulement quelques centaines de milliers d'années après le Big Bang. Cette découverte a changé notre compréhension de l'univers et a valu à Penzias et Wilson le prix Nobel de physique en 1978. Et si cette découverte était une blague cosmique ?

17 La plus grande galaxie connue

Connaissez-vous IC 1101 ? Cette galaxie située à environ 1,07 milliard d'années-lumière de la Terre est la plus grande galaxie connue. Elle est environ 6 millions de fois plus massive que notre galaxie, la Voie lactée, et contient environ 100 billions d'étoiles. Imaginez la taille de cette galaxie !

18 Le télescope spatial le plus rapide

James Webb établit un nouveau record de la plus ancienne galaxie observée Le nouveau télescope spatial James Webb (JWST) n'a même pas encore eu le temps de faire ses preuves qu'il a déjà battu un record ! Quelques semaines seulement après le début de ses observations scientifiques, le JWST a enregistré la lumière de la galaxie la plus lointaine jamais observée, qui a été émise il y a environ 300 millions d'années après le Big Bang. Ce record dépasse de 100 millions d'années le précédent établi en 2016 par le télescope Hubble.

19 La Plus Proche exoPlanète

Proxima Centauri b est l'exoplanète la plus proche de la Terre, située à seulement 4,24 années-lumière de nous. Cette petite planète est considérée comme potentiellement habitable car elle se trouve dans la zone habitable de son étoile, ce qui signifie que la température à sa surface pourrait permettre la présence d'eau liquide. Imaginez-vous un peu : si nous pouvions voyager à la vitesse de la lumière, nous pourrions atteindre Proxima

Centauri b en seulement 4,24 ans !

20 Le Plus gros trou noir connu de l'univers

 TON 618 est le trou noir le plus imposant jamais observé, situé à environ 10,37 milliards d'années-lumière de la Terre. Ce monstre cosmique est environ 66 milliards de fois plus massif que notre Soleil et a une masse estimée à environ 66 milliards de masses solaires. Essayez d'imaginer un peu cela, c'est comme si 66 milliards de Soleil étaient comprimés dans un espace infiniment petit !

21 L'étoile la Plus brillante de l'univers

R136a1 est l'étoile la plus brillante connue de l'univers, située dans le groupe de galaxies R136, à environ 163 000 années-lumière de la Terre. Cette étoile massive est environ 265 fois plus massive que notre Soleil et sa luminosité est environ 8,7 millions de fois supérieure à celle du Soleil. Si vous pouviez la voir de près, elle serait si brillante qu'elle vous éblouirait en un instant !

22 La température la Plus Chaude

Savais-tu que la température la plus élevée jamais enregistrée dans l'univers est de 300 milliards de degrés Celsius ? Cela correspond à environ 5,5 fois la température du soleil ! Cette température a été atteinte dans des collisions de particules dans des accélérateurs de particules. Pour te donner une idée, à cette température, même le fer fond et devient un plasma !

23 Les Panneaux solaires les Plus Puissant

L'ISS (Station Spatiale Internationale) possède le système de panneaux solaires le plus

grand et le plus puissant jamais construit.
Avec une envergure de plus de 73 mètres, ces
panneaux solaires fournissent une puissance
de sortie de 120-215 kilowatts. Cela équivaut
à environ 60 voitures électriques roulant à
leur puissance maximale !

24 L'eruption solaire la plus explosive

La plus grande éruption solaire jamais observée a eu lieu en 1859, connue sous le nom
d'événement de Carrington. Cette éruption
a provoqué des tempêtes géomagnétiques
sur Terre, perturbant les communications et
créant des aurores boréales visibles jusqu'aux
tropiques. Si une telle éruption solaire se pro-
duisait aujourd'hui, les conséquences seraient
catastrophiques pour notre technologie moderne. Mais ne t'inquiète pas, la NASA sur-
veille attentivement le Soleil pour nous aver-
tir en cas de danger !

25 La sonde la plus rapide

La sonde Parker Solar Probe, lancée en 2018, a établi un record de la plus grande vitesse jamais atteinte par un objet construit par l'homme. Lors de son approche du soleil, elle a atteint une vitesse de 430 000 miles par heure (700 000 km/h) ! C'est assez rapide pour aller de la Terre à la Lune en moins de deux heures.

la culture pop

Les records de la culture populaire sont souvent passionnants, divertissants et incroyables. Du cinéma à la musique en passant par les jeux vidéo, il y a une multitude de records dans cette catégorie.

01 Le Plus grand nombre de récompenses musicales

Michael Jackson est le roi de la pop, mais il est également le roi des récompenses ! Avec plus de 700 prix remportés au cours de sa carrière, dont 13 Grammy Awards, 26 American Music Awards et 16 World Music Awards, Michael Jackson est l'artiste musical le plus récompensé de l'histoire. Cela représente trois fois plus de récompenses que son concurrent le plus proche, Elvis Presley. On peut dire que Michael Jackson a non seulement créé des tubes intemporels, mais a également dominé les cérémonies de remise de prix !

02 Le film ayant rapporté le Plus d'argent

Le plus grand succès au box-office appartient aux Avengers ! Le film Avengers: Endgame a dépassé le record de recettes de tous les temps, auparavant détenu par Avatar. Avec plus de 2,7 milliards de dollars de recettes dans le monde entier, les fans des super-héros de Marvel ont contribué à créer un véritable raz-de-marée au box-office. Ce film a également mis fin à la saga des Avengers, qui a commencé il y a plus de dix ans. Une chose est sûre : les fans n'ont pas hésité à dépenser leur argent pour voir leurs héros préférés en action sur grand écran !

03 Le Jeu Vidéo le Plus Vendu

Le jeu vidéo le plus vendu de tous les temps est Minecraft, avec plus de 200 millions d'exemplaires vendus dans le monde entier. Minecraft, développé par Mojang, a été lancé en 2011 et est rapidement devenu un phénomène mondial. Il s'agit d'un jeu de construction de type bac à sable qui permet aux joueurs de construire des mondes entiers à partir de blocs de différentes matières premières.

04 L'artiste musical le plus récompensé

C'est un thriller que même Michael Jackson n'aurait pas pu imaginer ! Le roi de la pop est non seulement considéré comme l'un des plus grands artistes de tous les temps, mais il est également le plus récompensé de l'histoire de la musique. Il a remporté pas moins de 3 fois plus de récompenses que le deuxième artiste le plus récompensé, Elvis Presley. Avec 23 American Music Awards, 40 Billboard Awards, 13 Grammy Awards et bien plus encore, Michael Jackson reste indétrônable.

05 Le film ayant rapporté le plus d'argent

Les Avengers ont fait endgame à Avatar ! Le succès phénoménal du film Avengers : Endgame l'a propulsé au sommet du box-office, dépassant le film Avatar pour devenir le film ayant rapporté le plus d'argent de tous les temps, avec plus de 2,7 milliards de dollars de recettes dans le monde entier. La bataille a été féroce, mais les super-héros ont finalement triomphé !

07 L'album le plus vendu

C'est thriller, thriller night ! L'album iconique de Michael Jackson est non seulement le plus vendu de sa carrière, mais aussi le plus vendu de tous les temps. Avec plus de 110 millions d'exemplaires vendus dans le monde entier, Thriller est un incontournable de la musique pop. Il a marqué une ère et a popularisé la danse du même nom. Qui n'a jamais essayé de reproduire la chorégraphie culte ?

08 Le cosplay le plus grand du monde

Le record du plus grand cosplay a été battu en Chine avec une impressionnante participation de plus de 31 000 personnes costumées en personnages de la série télévisée japonaise

«Doraemon». Le défilé, qui a eu lieu en 2018, a vu les participants rivaliser de créativité et de détails pour donner vie aux célèbres personnages de l'univers de Doraemon. Avec autant de monde costumé, il y avait de quoi se perdre dans la foule !

09 La série TV la plus récompensée

Game of Thrones sur le trône des records
Avec un total de 59 Emmys remportés en huit saisons, «Game of Thrones» est désormais la série TV la plus récompensée de tous les temps. La série a su captiver des millions de fans à travers le monde grâce à ses intrigues politiques, ses batailles épiques et ses personnages attachants, dont certains ont malheureusement connu une fin tragique. Mais si seulement Ned Stark avait écouté sa femme...

10 La chanson la plus écoutée en streaming

«Shape of You» d'Ed Sheeran en tête du hit-parade

«Shape of You» d'Ed Sheeran est désormais la chanson la plus écoutée en streaming de tous les temps, avec plus de 9,5 milliards d'écoutes. La chanson, sortie en 2017, a été un véritable phénomène mondial, se classant en tête des charts dans de nombreux pays. Avec une mélodie entraînante et des paroles qui donnent envie de danser, il n'est pas étonnant que cette chanson soit devenue un véritable tube planétaire.

12 La Plus ancienne YouTubeuse de Jeux Vidéo

Shirley Curry, à 80 ans, avait réussi à devenir une star de YouTube avec plus de 238 000 abonnés en postant des vidéos de ses aventures dans Skyrim. Elle est maintenant détrônée par la Japonaise Hamako Mori, surnommée «Gamer Grandma», qui a plus de 89 ans et qui a commencé à jouer il y a 38 ans. Elle partage sa passion pour les jeux vidéo sur sa chaîne YouTube, où elle a recueilli plus de 300 000 abonnés. Hamako Mori prouve que les jeux vidéo n'ont pas d'âge et que l'on peut rester jeune d'esprit à tout âge.

13 Le Plus Jeune Joueur Professionnel de Jeux Vidéo

Victor De Leon III, également connu sous le nom de Lil Poison, a commencé à jouer à l'âge de deux ans et a commencé à concourir à un niveau professionnel à l'âge de quatre ans. En 2005, à l'âge de sept ans, il a signé un contrat avec la Major League Gaming, devenant ainsi le plus jeune joueur professionnel de jeux vidéo. Il a continué à jouer et à gagner des compétitions, tout en étant également un étudiant accompli. Imaginez, à l'âge de quatre ans, nous apprenions juste à écrire notre nom et à compter.

14 Le Plus grand rassemblement de Joueurs d'échecs

L'Inde est célèbre pour son amour des échecs, et cela a été prouvé en 2010, lorsque 20 483 joueurs se sont réunis à Ahmedabad pour participer au plus grand rassemblement de joueurs d'échecs de l'histoire. Le record précédent avait été établi en 2003 en Argentine, avec seulement 13 000 joueurs. Les joueurs ont été répartis en groupes de dix, chacun jouant simultanément. Cela a nécessité 4 096 échiquiers et 20 000 chaises pour accueillir tous les participants. C'est incroyable de voir comment un simple jeu peut réunir autant de personnes.

15 La Plus longue voie ferrée Lego

En 2013, 80 passionnés de Lego se sont rassemblés au Danemark pour construire la plus longue voie ferrée Lego de tous les temps, longue de 2 860 mètres. Cette voie ferrée a été construite en seulement deux jours et a nécessité près de 100 000 briques Lego et pièces de chemin de fer. Le train qui parcourait la voie ferrée en jouet a mis environ quatre heures pour atteindre la fin de la ligne et battre le record. Imaginez le temps et la patience nécessaires pour assembler une telle construction en Lego. On peut se demander s'ils ont même pris le temps de dormir pendant ces deux jours !

16 Le speedrun le plus rapide de Super Mario Bros

Le speedrun le plus rapide de Super Mario Bros sur la console Nintendo Entertainment System (NES) appartient à Darbian, un joueur américain, qui a terminé le jeu en seulement 4 minutes, 56 secondes et 878 millièmes de seconde. Cela signifie que Darbian a réussi à battre le jeu en moins de cinq minutes, un exploit impressionnant qui nécessite une grande habileté et une connaissance approfondie des niveaux.

17 Le plus grand nombre de personnes jouant à un même jeu vidéo en même temps

Le record du plus grand nombre de personnes jouant à un même jeu vidéo en même temps a été établi en 2018, lorsqu'un événement

Fortnite a rassemblé 1,7 million de joueurs simultanément. Imaginez cela - 1,7 million de personnes jouant à Fortnite en même temps! Cela montre l'immense popularité de ce jeu en ligne et la capacité de la technologie à connecter les joueurs du monde entier.

18 Le film le plus long

Le film le plus long est «Logistics», un film expérimental réalisé en 2012 par Erika Magnusson et Daniel Andersson, dure un total de 857 heures, soit plus de 35 jours. Ce film suit les mouvements des cargos autour du monde et explore les défis logistiques impliqués dans la gestion de ces énormes navires. Le film a été présenté en plusieurs parties dans des expositions d'art et de cinéma, et il est destiné à être regardé sur une longue période de temps.

19 Le film le plus oscarisé

Le film le plus oscarisé est «Le Seigneur des Anneaux : Le Retour du Roi», sorti en 2003, qui a remporté un total de 11 Oscars, dont celui du meilleur film, du meilleur réalisateur, et du meilleur scénario adapté. Les trois films de la trilogie ont été largement salués pour leur qualité cinématographique et leur adaptation fidèle des livres de J. R. R. Tolkien.

20 Le rappeur le plus rapide

Eminem détient le record de la chanson avec le plus de mots à la minute. En 2020, «Godzilla» a fait trembler les amateurs de hip-hop avec ses 2247 mots en 5 minutes et 31 secondes. Cela signifie qu'il a réussi à prononcer 12,3 mots par seconde, soit plus de 300 mots de plus que le précédent record. Comment fait-il pour rapper aussi vite tout en gardant un rythme aussi soutenu ?

21 La plus grande sculpture de cure-dents
En 2017, Stan Munro, fan de Star Wars de New York, a créé la plus grande sculpture de cure-dents. Il a recréé l'emblématique Star Destroyer impérial de la saga de science-fiction en utilisant environ 300 000 cure-dents. La sculpture mesure 4,88 mètres de long et a nécessité plus de 3 000 heures de travail pour être réalisée. Espérons que personne n'a eu l'idée de la déplacer après sa création !

22 L'artiste le plus suivi sur Instagram

Avec plus de 249 millions d'abonnés à sa page, Ariana Grande est l'artiste le plus suivi sur Instagram. La chanteuse populaire partage régulièrement des photos et des vidéos de son quotidien avec ses fans sur le réseau social. Elle a même réussi à battre le record du nombre de likes sur une seule photo Instagram en février 2019 avec plus de 18 millions de likes pour une photo de son ex-petit ami, Mac Miller. Qui aurait cru que les likes pouvaient être aussi importants ?

Le sport

Le sport est rempli de performances incroyables et de records qui semblent impossibles à battre. Voici une sélection des records les plus époustouflants du monde du sport, des athlètes les plus rapides aux performances les plus spectaculaires.

01 Le plus rapide sur 100 mètres

Usain Bolt, le roi du sprint, détient le record du monde du 100 mètres avec un temps de 9,58 secondes. Pour vous donner une idée, cela équivaut à courir à la vitesse moyenne de plus de 37 km/h ! Mais attention, ne tentez pas de reproduire cette performance chez vous, on ne veut pas devenir la risée du quartier...

02 La plus grande compétition sportive

Rien ne rassemble autant les gens à travers le monde que la Coupe du Monde de la FIFA. Avec plus de 3,5 milliards de téléspectateurs ayant regardé la finale de la Coupe du Monde 2018, cette compétition est de loin la plus grande de tous les temps. C'est plus d'un tiers de la population mondiale qui était rivé sur leur écran pour voir la France devenir championne du monde !

03 Le plus grand champion olympique

Michael Phelps, le nageur américain aux allures de sirène, est l'athlète le plus décoré de l'histoire olympique. Avec un total de 28 médailles, dont 23 d'or, il a réécrit les livres d'histoire. En plus de ses performances éblouissantes, il est également connu pour son régime alimentaire strict qui consiste à manger 12 000 calories par jour ! Ça donne faim...

04 Le plus long match de tennis

Le match épique qui a opposé John Isner à Nicolas Mahut lors du premier tour de Wimbledon 2010 est sans doute le plus long match de tennis de l'histoire. Il a duré 11 heures et 5 minutes sur trois jours et s'est terminé avec un score de 70-68 en faveur d'Isner au cinquième set. On peut dire que les joueurs ont été résilients, ou alors simplement un peu têtus...

05 La plus grosse vague surfé au monde

Rodrigo Koxa a réalisé l'exploit de surfer la plus haute vague jamais enregistrée en novembre 2017, au large de Nazaré, au Portugal. La vague mesurait 24,38 mètres, soit la hauteur d'un immeuble de huit étages ! Pour parvenir à surfer cette vague monumentale, Koxa a dû avoir une grande maîtrise de sa planche, ainsi qu'une dose de courage et d'adrénaline.

06 Le plus haut saut en skateboard

Danny Way est devenu célèbre en 2005 en établissant le record du monde du plus haut saut en skateboard. Il a décollé d'une rampe située en face de la Grande Muraille de Chine, atteignant une hauteur de 7,71 mètres ! Il a fallu à Danny une grande vitesse et une précision incroyable pour réussir un saut aussi impressionnant.

07 Le Plus grand nombre de tours du monde en BMX

Terry Adams est devenu une star du BMX en battant le record du monde du plus grand nombre de tours du monde en une minute ! Il a réalisé pas moins de 92 tours complets sur sa bicyclette, ce qui nécessite une force et une agilité incroyables. Il a fallu à Terry de nombreuses années d'entraînement et de pratique pour atteindre un tel niveau de performance.

08 Le Plus long wheeling en motocross

Ryan Suchanek est devenu le roi du wheeling en moto en battant le record du monde de la plus longue distance parcourue sans poser le pneu avant au sol ! Il a roulé pendant 333,3 km en 5 heures et 30 minutes, en gardant l'équilibre sur sa roue arrière. Un tel exploit nécessite non seulement une grande technique et une concentration incroyable, mais aussi une endurance physique exceptionnelle.

09 Le Plus grand nombre de sauts en Parachute en 24 heures

Jay Stokes a vraiment pris son envol en 2014 en battant le record du monde de sauts en parachute en 24 heures avec 640 sauts ! Cet ancien parachutiste de l'armée américaine avait pour but de récolter des fonds pour aider les familles des soldats blessés et des soldats tués au combat. Il a sauté d'un avion à une altitude de 13 000 pieds et a effectué des sauts toutes les 55 secondes en moyenne, en utilisant plusieurs parachutes tout au long de la journée pour éviter l'épuisement.

10 Le Plus long temps de Jonglage

David Slick a montré qu'il avait une sacrée poigne en établissant le record du monde du temps de jonglage le plus long : 13 heures et 23 minutes sans jamais laisser tomber une seule balle ! Ce jongleur américain avait préparé sa performance minutieusement, s'entraînant pendant des mois pour atteindre ce niveau d'endurance. Il a utilisé des balles de différentes couleurs et de différentes tailles pour ajouter un peu de piquant à sa performance, mais il a réussi à garder un rythme régulier tout au long de la journée.

11 La Plus grande course de marathons

Le Marathon de New York est un événement incroyable qui attire chaque année plus de 50 000 coureurs du monde entier pour parcourir les rues de la ville. Depuis sa première édition en 1970, plus d'un million de personnes ont participé à cette course de 42,195 km qui traverse les cinq arrondissements de New York. Les coureurs commencent sur le pont Verrazano-Narrows et traversent des quartiers emblématiques tels que Brooklyn, Queens, le Bronx et Manhattan. En plus des coureurs, plus de deux millions de spectateurs se rassemblent sur les trottoirs pour encourager les participants et participer à l'ambiance festive.

12 Le Plus grand tournoi de tennis

Wimbledon est le tournoi de tennis le plus prestigieux et le plus ancien du monde, organisé chaque année depuis 1877 en Angleterre. Il est célèbre pour son gazon impeccablement entretenu et pour les joueurs de tennis de renommée mondiale qui y participent. Depuis sa création, de nombreux grands noms du tennis ont remporté le tournoi, tels que Roger Federer, Serena Williams et Björn Borg. Le tournoi attire également de nombreuses célébrités qui se rassemblent pour regarder les matchs, telles que Kate Middleton, Hugh Grant et David Beckham.

13 Le Plus grand spectacle nautique

La Route du Rhum est une course de voile

transatlantique qui a lieu tous les quatre ans. Cette compétition exigeante sur un parcours de 3 542 miles nautiques attire des skippers du monde entier, qui naviguent sur des bateaux de différentes tailles et catégories. La première course a eu lieu en 1978 et depuis, elle a acquis une renommée internationale, attirant des milliers de spectateurs et une grande attention médiatique. En 2018, la victoire est revenue à Paul Meilhat, qui a terminé la course en un peu plus de 12 jours.

14 Le Plus Prestigieux tournoi de golf

Le Masters de golf est l'un des quatre tournois majeurs de golf et est considéré comme le plus prestigieux. Le tournoi a lieu chaque année à Augusta National, en Géorgie, aux États-Unis, et attire les meilleurs joueurs de golf du monde entier. La compétition est célèbre pour ses traditions, comme la remise de la veste verte au champion, ainsi que pour son parcours difficile et magnifique. En 2020,

Dustin Johnson a remporté le titre, décrochant ainsi sa première veste verte.

15 La Plus grande course de bateaux-dragons

La course de bateaux-dragons est une tradition ancienne en Chine, qui remonte à plus de 2 000 ans. Cette compétition a lieu lors du solstice d'été et implique des équipages de 20 rameurs qui pagayent sur des bateaux-dragons richement décorés. La plus grande course de bateaux-dragons au monde a lieu à Hong Kong chaque année et attire des milliers de participants et de spectateurs. En 2019, plus de 200 équipes ont participé à la compétition.

16 Le Plus grand exPloit en vélo

Christoph Strasser, un cycliste suisse, a battu le record du monde de la plus grande distance parcourue en vélo en 24 heures lors de la course Ultracycling Dolomitica en 2017. Il a parcouru 896,17 km en un jour, ce qui est une distance incroyablement impressionnante ! Pour mettre cela en perspective, cela équivaut à parcourir la distance entre Paris et Madrid en une seule journée. Strasser est un spécialiste de l'ultracyclisme et a remporté de nombreux autres records dans ce domaine. Comment diable fait-il pour tenir aussi longtemps ?!

17 Le Plus grand nombre de buts marqués en carrière

Le légendaire footballeur brésilien Pelé est connu pour son habileté à marquer des buts et il a battu un record incroyable en marquant 1 283 buts en 1 366 matchs officiels. Cela équivaut à marquer un but presque à chaque fois qu'il a touché le ballon ! Il a remporté trois Coupes du monde avec l'équipe nationale brésilienne et a été nommé joueur du siècle par la FIFA en 2000. Peux-tu imaginer combien de ballons il a dû frapper dans sa carrière pour atteindre ce nombre incroyable de buts ?

18 Le Plus grand nombre de victoires en Formule 1

Michael Schumacher, le célèbre pilote allemand de Formule 1, détient le record du plus grand nombre de victoires en carrière, avec un total de 91 victoires. Il a remporté sept titres de champion du monde au cours de sa carrière et est considéré comme l'un des plus grands pilotes de l'histoire de la Formule 1. C'est comme s'il gagnait près d'un tiers de toutes les courses auxquelles il a participé ! Peux-tu imaginer la pression qu'il a ressentie à chaque fois qu'il était en tête de la course ?

19 Le Plus grand nombre de médailles remportées en gymnastique artistique

Le gymnaste soviétique Nikolai Andrianov a remporté un total de 15 médailles olympiques au cours de sa carrière, dont 7 d'or. Il a remporté ses premières médailles en 1972 et a continué à dominer la scène de la gymnastique pendant près d'une décennie. C'est comme si chaque fois qu'il entrait sur le tapis, il était presque sûr de repartir avec une médaille ! Peux-tu imaginer la force et la précision dont il avait besoin pour réaliser toutes ces figures acrobatiques incroyables ?

20 Le Plus grand nombre de titres remportés en tennis

Bill Tilden est considéré comme l'un des plus grands joueurs de tennis de tous les temps, avec un total de 138 titres en simple et en double remportés au cours de sa carrière. Il a remporté sept titres de Wimbledon et dix titres de l'US Open. C'est comme si chaque fois qu'il entrait sur le court, la victoire était presque garantie ! Peux-tu imaginer à quel point il était fort mentalement pour gagner autant de titres ?

Les records recents

Dans ce chapitre, nous allons découvrir les records récents de 2022 et 2023 qui ont été réalisés par des personnes extraordinaires dans le monde entier. Vous allez être éblouis par leurs exploits incroyables et leurs talents hors du commun. Préparez-vous à être surpris, amusés et inspirés par ces records qui dépassent l'imagination!

01 Le plus rapide à marcher sur les mains avec une balle de 10 kg entre les jambes

Celeste Barber, une athlète australienne, a battu le record du monde de la marche sur les mains la plus rapide avec une balle de 10 kg entre les jambes. Elle a parcouru 10 mètres en 10,55 secondes, faisant preuve d'un incroyable équilibre et d'une force incroyable. Ce record prouve que rien n'est impossible si l'on s'en donne les moyens !

02 Le plus grand nombre de tours de magie en une minute

David Stone, un magicien français, a battu le record du monde du plus grand nombre de tours de magie réalisés en une minute. Il a réussi à réaliser 36 tours en 60 secondes seulement, faisant preuve d'une grande habileté et d'une rapidité incroyable. Ce record prouve que la magie n'a pas de limites !

03 Le Plus vieux cinéma en activité

L'Eden Théâtre de la Ciotat, situé dans le sud de la France, a été officiellement reconnu par le Guinness World Records en juillet 2022 comme étant le plus vieux cinéma en activité. Il a plus de 123 ans et est toujours en fonctionnement aujourd'hui, offrant aux cinéphiles une expérience cinématographique unique dans un cadre historique. Ce record prouve que la passion pour le cinéma peut survivre à travers les générations !

04 Le Plus grand nombre de crêpes empilées

ean-Baptiste Martin, un cuisinier français, a battu le record du monde du plus grand nombre de crêpes empilées. Il a réussi à empiler 1 374 crêpes sur une hauteur de 3,35 mètres. Il a utilisé plus de 200 litres de pâte à crêpe et a passé plus de 10 heures à cuire et à empiler les crêpes, faisant preuve d'une grande patience et d'une grande créativité. Ce record prouve que les crêpes sont non seulement délicieuses, mais peuvent également être utilisées pour créer de véritables œuvres d'art culinaires !

05 Le Plus long vol d'un avion en PaPier

Takuo Toda bat des records dans les airs!
Takuo Toda, un ingénieur japonais, a réalisé l'exploit de faire voler son avion en papier pendant 29,2 secondes, établissant ainsi le record du monde de la plus longue durée de vol d'un avion en papier. Il a lancé son avion depuis le sommet d'un immeuble de Tokyo, en utilisant un modèle qu'il a conçu lui-même et qu'il a nommé Sky King. Toda a passé plus de 10 ans à développer ses compétences en matière de pliage de papier et a déjà battu le record du monde de la distance de vol d'un avion en papier. Il a également utilisé des techniques de vol sophistiquées pour ajuster la trajectoire de l'avion en papier. Après avoir battu ce record, il a déclaré : «Je veux conti-

nuer à promouvoir la culture de l'avion en papier dans le monde entier».

O6 Le Plus Petit Cheval du monde

Bombel, le tout petit poney polonais !
Bombel, un poney nain polonais, est devenu le plus petit cheval du monde en mesurant seulement 56,7 centimètres au garrot. Il est né en mai 2019 et vit dans une ferme près de Varsovie. Bombel est très affectueux et il adore jouer avec les enfants. Bien qu'il soit petit, il a une personnalité très forte et il ne se laisse pas marcher sur les pieds. Les propriétaires de Bombel ont déclaré que le poney est en très bonne santé et qu'il a été examiné par un vétérinaire pour s'assurer qu'il ne souffre pas de problèmes de santé en raison de sa petite taille.

07 Le plus grand nombre de bougies soufflées en une seule expiration

Vishnu Sharma fait souffler un vent de folie ! Vishnu Sharma, un étudiant indien, a établi un nouveau record du monde en soufflant 153 bougies en une seule expiration. Il s'est entraîné pendant des mois pour augmenter sa capacité pulmonaire et contrôler son souffle. Sharma a utilisé une planche spéciale pour disposer les bougies et il les a allumées avec l'aide de ses amis. L'ancien record était détenu par une personne qui avait soufflé 101 bougies. Après son exploit, Sharma a déclaré qu'il était heureux d'avoir établi un nouveau record et qu'il avait l'intention de continuer à travailler dur pour en établir d'autres.

08 Le Plus grand nombre de mots tapés sur un clavier d'ordinateur en une minute avec le nez

Khursheed Hussain, la femme aux doigts de nez ! Khursheed Hussain, une femme pakistanaise, a battu le record du monde en tapant 103 mots en une minute avec son nez. Elle s'est servie d'un clavier standard et a écrit un texte préparé à l'avance. Hussain a déclaré qu'elle s'était inspirée de son mari, qui est aveugle et qui utilise son nez pour taper sur son téléphone portable.

09 Le Plus grand nombre de sauts à la corde réalisés en tandem en une minute

Ayumi Sakamaki et Takayuki Uchida ont réussi l'exploit de faire 147 sauts à la corde en tandem en une minute ! Ces deux athlètes japonais ont démontré leur agilité et leur coordination exceptionnelles en sautant parfaitement synchronisés sur la même corde, sans se toucher ni se gêner. Un duo dynamique !

10 Le Plus grand nombre de Personnes déguisées en Schtroumpfs

Landerneau, une ville en Bretagne, a vu défiler pas moins de 3 549 Schtroumpfs le 7 mars 2020 ! Ces habitants se sont tous peints en bleu et ont porté des bonnets blancs pour célébrer les 60 ans de la création des célèbres personnages de bande dessinée par Peyo. Ils ont ainsi battu le précédent record détenu par l'Allemagne avec 2 762 Schtroumpfs en 2019. Un rassemblement schtroumpfement sympa !

11 Le Plus grand nombre de Personnes Jouant au Scrabble simultanément

C'est l'académie de Créteil, en France, qui a

battu le record du monde en faisant jouer 6 075 élèves et enseignants au Scrabble pendant une heure le 17 juin 2021. Pour cela, ils ont utilisé des plateaux géants et des lettres imprimées sur des feuilles A4. Cette initiative avait pour but de promouvoir la langue française et de développer les compétences linguistiques. Un jeu de mots géant !

12 Le plus grand nombre d'ongles cassés avec la tête en une minute

Muhammad Rashid, un artiste martial pakistanais, a cassé pas moins de 256 ongles avec sa tête en une minute le 23 février 2020 ! Pour y arriver, il a utilisé une planche spéciale pour disposer les ongles et les a frappés avec son front. Rashid détient également d'autres records impressionnants, comme celui du plus grand nombre de noix de coco cassées avec la tête ou celui du plus grand nombre de pastèques tranchées sur le ventre d'une personne. Un casse-tête impressionnant !

13 Le plus grand nombre de personnes jouant du ukulélé ensemble

Le record du monde du plus grand nombre de personnes jouant du ukulélé ensemble a été battu par 8 065 participants lors du festival NAMM Show à Anaheim, aux États-Unis, le 16 janvier 2020. Sous la direction du musicien hawaïen Jake Shimabukuro, ils ont tous joué la chanson «Lava» du film d'animation Pixar, et ont ainsi dépassé le précédent record détenu par le Royaume-Uni avec 7 944 ukulélistes en 2016. Les participants ont reçu un ukulélé gratuit chacun pour leur performance incroyable. Qui aurait cru que le ukulélé pouvait être si populaire et rassembleur ?

14 Le plus grand nombre de

Personnes Portant des lu-nettes à Verres Progressifs

Le record du monde du plus grand nombre de personnes portant des lunettes à verres progressifs a été battu par 3 019 personnes lors d'un événement organisé par Essilor à Paris, en France, le 9 octobre 2021. Ils ont ainsi dépassé le précédent record détenu par l'Inde avec 2 651 porteurs de lunettes à verres progressifs en 2019. L'objectif était de sensibiliser le public aux troubles de la vision liés à l'âge et aux solutions optiques existantes. La foule portant des lunettes à verres progressifs, symbole de l'importance de la santé oculaire, était un spectacle à voir.

15 Le Plus grand nombre de tours de magie réalisés en une heure

Le record du monde du plus grand nombre de tours de magie réalisés en une heure par une femme a été battu par Ekaterina

Dobrokhotova, une magicienne russe qui a réalisé 536 tours de magie lors d'une émission télévisée à Moscou, en Russie, le 18 février. C'est impressionnant ! On dit souvent que la magie est une affaire d'hommes, mais Ekaterina a prouvé que les femmes peuvent aussi rivaliser avec les meilleurs magiciens.

16 Le plus grand nombre de personnes faisant du yoga ensemble

Le record du monde du plus grand nombre de personnes faisant du yoga ensemble a été battu par 105 000 personnes lors de la Journée internationale du yoga à Prayagraj, en Inde, le 21 juin 2021. Ils ont ainsi dépassé le précédent record détenu par l'Inde avec 100 984 yogis en 2018. Les participants ont été guidés par le Premier ministre indien Narendra Modi et ont pratiqué des postures et des exercices de respiration pour une expérience relaxante et harmonieuse. La question est : peuvent-ils tous toucher leurs orteils sans plier les genoux ?

17 Le plus grand nombre de personnes portant des chapeaux melon

Le record du plus grand nombre de personnes portant des chapeaux melon a été battu en Suisse, où 261 personnes ont enfilé ce célèbre couvre-chef pour rendre hommage à Charlie Chaplin, l'acteur et réalisateur qui a popularisé le chapeau melon dans ses films. L'événement a été organisé par la Fondation Charlie Chaplin à Vevey et a permis de battre le précédent record détenu par la Belgique avec 200 porteurs de chapeaux melon en 2015. Vous vous demandez peut-être si tous les participants avaient le même type de chapeau melon ? Eh bien, non ! Tous les chapeaux melon étaient différents, ce qui a ajouté une touche de couleur et de variété à ce record.

18 Le Plus grand nombre de Personnes mangeant des hot-dogs

Le record du plus grand nombre de personnes mangeant des hot-dogs en même temps a été battu par 10 000 personnes à New York lors d'un événement organisé par Oscar Mayer. Les participants ont dévoré des hot-dogs à un rythme effréné, ce qui a permis de battre le précédent record détenu par l'Allemagne avec 2 996 mangeurs de hot-dogs en 2012. Imaginez la quantité de moutarde et de ket-chup qui a été utilisée pour cette performance culinaire !

19 Le vol de relief en wingsuit

le Plus long de l'histoire

Le record du vol de relief en wingsuit le plus long de l'histoire a été battu par Brandon Mikesell, un pilote américain qui a volé pendant 4 minutes et 55 secondes en suivant les contours d'une montagne dans les Alpes suisses. Il a atteint une vitesse maximale de 240 km/h et a frôlé des falaises et des arbres. Pour réaliser cet exploit, Brandon Mikesell a utilisé une combinaison spéciale appelée wingsuit, qui permet aux pilotes de voler dans les airs comme des oiseaux. C'est une véritable prouesse de voler pendant presque cinq minutes en wingsuit, et cela donne des frissons rien qu'à y penser !

20 Le Plus grand nombre de flèches saisies à la main en une minute

Le record du plus grand nombre de flèches saisies à la main en une minute (femme) a été battu par Xia Zhou, une archère chinoise qui a saisi 36 flèches tirées à la machine en une minute lors d'une émission télévisée à Pékin. Elle a battu le précédent record détenu par l'Américaine Ashrita Furman avec 35 flèches en 2011. Xia Zhou a montré une grande agilité et un sens du timing pour attraper les projectiles lancés à plus de 100 km/h. Pour réaliser cet exploit, elle a utilisé des gants spéciaux pour protéger ses mains des flèches pointues.

22 Le Plus grand nombre de Personnes Portant des lunettes de soleil dans le noir

En 2020, Ray-Ban a organisé un événement à Paris pour battre le record du monde du plus grand nombre de personnes portant des lunettes de soleil dans le noir. 2 651 participants ont accepté de relever ce défi et de porter leurs lunettes de soleil pendant au moins cinq minutes dans une salle plongée dans l'obscurité. Les lunettes de soleil permettaient de révéler des messages lumineux inscrits sur les murs de la salle. Une ambiance de folie pour un record qui brille dans l'obscurité !

24 Le Plus long ongle naturel sur un seul doigt

Ayanna Williams, une Américaine, a battu le record du monde du plus long ongle naturel sur un seul doigt (femme) en 2021. Après avoir laissé pousser son ongle de l'annulaire gauche pendant près de trente ans, elle a réussi à obtenir une longueur de 733,55 centimètres. Elle a confié que pour prendre soin de son ongle, elle devait le nettoyer chaque jour avec une brosse à dents et un mélange d'eau et d'huile d'olive. Une astuce bien-être qui a permis à Ayanna de conserver son record pendant des années. Mais la question qui se pose est : comment faisait-elle pour taper sur un clavier ou même manger avec un ongle si long ?

Printed in Great Britain
by Amazon

29571141R00082